寺子屋シリーズ 9

親子で楽しむ

こども漢《かん》字《じ》塾《じゅく》

本田容子【著】

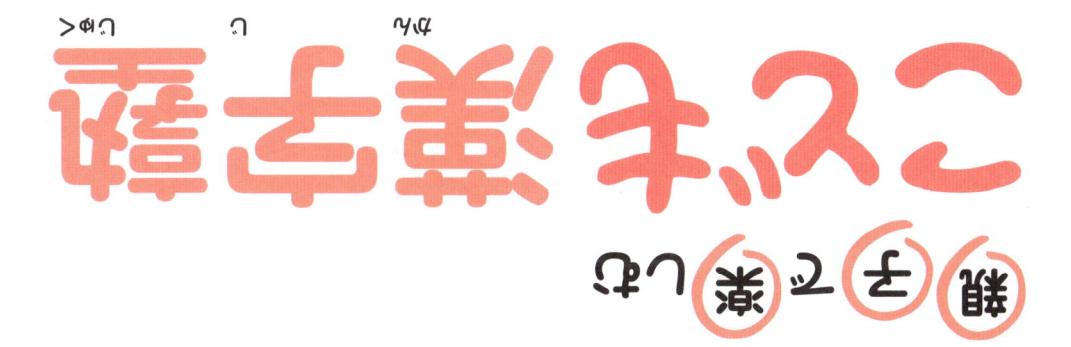

★ご家族のみなさまへ★

この本は、小学校入学前、あるいは小学生のお子様といっしょに漢字の世界を楽しんでいただくための本です。

漢字の世界は、表情豊かで奥深い世界です。なぜなら、たった一つの文字の中に、三千年以上も昔の人々からのさまざまなメッセージがギュッと込められているからです。そのメッセージを受け止めることができたら、漢字の世界はきっともっと身近に感じられるはずです。

本書では、そのような古代からのメッセージをわかりやすく表現するために、古代文字（主に甲《こう》骨《こつ》文字・金《きん》文《ぶん》・篆《てん》文《ぶん》）をイラストにしています。取りあげている漢字は、小学校一・二年生で習う漢字の中でも、ごくごく基本的なものですから、イラストを見るだけで、その漢字がどのような成り立ちで、どのような意味が込められているのかが、よくわかると思います。

また、漢字の持っている豊かなイメージをさらに広げるために、読み方や使い方に加え、筆順、その漢字を表す英単語などを添えています。さまざまな角度から、漢字の世界にアプローチしていただきたいと思っています。少し難しい用例なども載せていますが、わからない言葉は辞書で調べたり、家族や身近な大人に教えてもらうというプロセスを通して、人と人とのコミュニケーションを深めるということも素敵なことではないでしょうか。

また、本書では、それぞれの漢字をいくつかのゆるやかなカテゴリーに分けて配列しています。こうしたつながりで漢字を見ていくと、覚えやすいだけではなく、より深く、言葉の意味を理解することにつながっていくように思います。

さらに漢字に親しんでいただくために、言葉遊びのクイズもご用意していますので、漢字の魅力や面白さに気づいていただけるものと思います。

漢字は、その組み合わせによって、幾通りにも意味やイメージが広がっていきます。漢字のイメージが広がっていくように、身に付けた知識が子どもたちの将来の可能性につながっていくことを願っています。本書を通して、一つひとつの漢字の素晴らしさを知ってもらえたなら、こんなに嬉しいことはありません。

もくじ

漢字《かんじ》の起源《きげん》とその成《な》り立《た》ち

漢字《かんじ》は三千年以上《さんぜんねんいじょう》も昔《むかし》、中国《ちゅうごく》で生《う》まれました。今《いま》、知《し》られている限《かぎ》り、最《もっと》も古《ふる》い漢字《かんじ》は、「甲骨文字《こうこつもじ》」と言《い》われています。甲骨文字《こうこつもじ》とは、亀《かめ》の甲《こう》羅《ら》や牛《うし》や鹿《しか》の骨《つの》に刻《きざ》みこまれた文字《もじ》のことです。中国《ちゅうごく》の殷《いん》の時代《じだい》、甲骨文《こうこつも》字《じ》は占《うらな》いに使《つか》われていたようです。

文字《もじ》というのは、時代《じだい》によって、だんだんとその形《かたち》が変化《へんか》します。書体《しょたい》も整《ととの》えられ、甲骨文字《こうこつもじ》から金文《きんぶん》、篆書《てんしょ》、隷書《れいしょ》など、長《なが》い長《なが》い歴史《れきし》を経《へ》て、いま私《わたし》たちが使《つか》っている楷書《かいしょ》が生《う》まれました。

現在《げんざい》、私《わたし》たちが使《つか》っている漢字《かんじ》は、中国《ちゅうごく》の後漢《ごかん》の時代《じだい》に、許慎《きょしん》という人《じん》物《ぶつ》が漢字《かんじ》の成《な》り立《た》ちを分類《ぶんるい》し、整理《せいり》しました。中《なか》でも代表的《だいひょうてき》なものに、象《しょう》形文字《けいもじ》・指事文字《しじもじ》・会意文字《かいいもじ》があります。この本《ほん》に取《と》りあげている漢字《かんじ》は、すべてその三種類《さんしゅるい》の中《なか》から選《えら》びました。それでは、象形文字《しょうけいもじ》・指事文字《しじもじ》・会意文字《かいいもじ》とは、それぞれどのような文字《もじ》なのでしょうか。

象形文字《しょうけいもじ》とは、形《かたち》のあるものをそのままかたどって作《つく》られたものです。たとえば、山《やま》・木《き》・牛《うし》・川《かわ》などのように、まるで絵《え》のような漢字《かんじ》です。

次《つぎ》に、指事文字《しじもじ》とは、具体的《ぐたいてき》な形《かたち》というよりは、ものごとの意味《いみ》や関係《かんけい》を表《あらわ》したものです。たとえば、上《うえ》・下《した》のような、点《てん》や線《せん》などで表《あらわ》した記号《きごう》のような漢字《かんじ》です。

最後《さいご》に、会意文字《かいいもじ》とは、二《ふた》つ以上《いじょう》の漢字《かんじ》を組《く》み合《あ》わせて、新《あたら》しい意味《いみ》を表《あらわ》したものです。たとえば、「林《はやし》」という漢字《かんじ》は、「木《き》」を横《よこ》に二《ふた》つならべた形《かたち》ですし、「男《おとこ》」という漢字《かんじ》は、「田《た》」と「力《ちから》」を上下《じょうげ》に組《く》み合《あ》わせた漢字《かんじ》です。他《ほか》にもさまざまな種類《しゅるい》の漢字《かんじ》がありますので、興味《きょうみ》を持《も》ったら、ぜひ調《しら》べてみてください。

そして、まわりにある漢字《かんじ》をよく見《み》てみて下《くだ》さい。別々《べつべつ》の意味《いみ》を表《あらわ》す漢字《かんじ》でも共通《きょうつう》している部分《ぶぶん》があります。それが部首《ぶしゅ》と言《い》われているものです。人《ひと》に関《かか》わる漢字《かんじ》には「イ」（にんべん）、木《き》に関《かか》わる漢字《かんじ》には「木」（きへん）などというように、部首《ぶしゅ》は、漢字《かんじ》を分類《ぶんるい》するのに大《おお》きな役割《やくわり》を果《は》たしています。この本《ほん》で紹介《しょうかい》している漢字《かんじ》には、部首《ぶしゅ》として、さまざまな漢字《かんじ》のもととなる漢字《かんじ》もたくさんありますので、これらの漢字《かんじ》を覚《おぼ》えておくと、これから習《なら》う漢字《かんじ》も覚《おぼ》えやすくなります。

さて、世《よ》の中《なか》に漢字《かんじ》の数《かず》はいったいどれくらいあるのでしょうか。その数《かず》は、いろいろな種類《しゅるい》を含《ふく》めると十万字《じゅうまんじ》とも十五万字《じゅうごまんじ》とも言《い》われています。もちろん、それらすべてを覚《おぼ》えるのは難《むずか》しいことですが、成《な》り立《た》ちから漢字《かんじ》を覚《おぼ》えてみると「難《むずか》しい！」と思《おも》った漢字《かんじ》でも、意外《いがい》と簡単《かんたん》に覚《おぼ》えることができるかもしれません。

それでは、これから始《はじ》まる漢字《かんじ》の世界《せかい》をどうぞ楽《たの》しんでください。

ひと
からだ

ひと
からだ

人

ノ
人

読《よ》み方《かた》

ひと
ジン／ニン
person

象形《しょうけい》

成《な》り立《た》ち

ヨコを向《む》いている
人《ひと》の姿《すがた》。

使《つか》い方《かた》

- 人生《じんせい》
- 人気《にんき》
- 人《ひと》が好《よ》い
(人《ひと》がらがよい)
- 人《ひと》のうわさも七十五日《しちじゅうごにち》
(世間《せけん》のうわさは長《なが》くは続《つづ》かない)

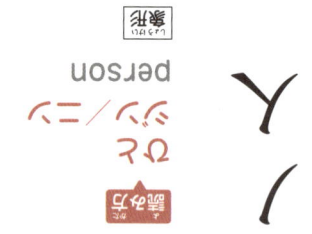

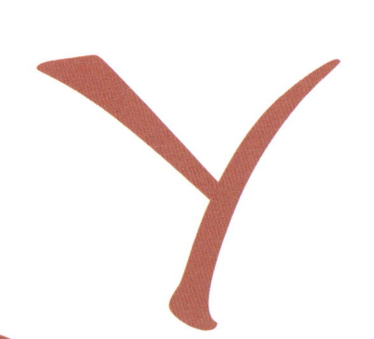

子

成《な》り立《た》ち

両手《りょうて》をいっぱいに
広《ひろ》げた子《こ》ども。

読《よ》み方《かた》

こ
シ／ス
child

象形《しょうけい》

使《つか》い方《かた》

- 子《こ》ども
- 子孫《しそん》
- 子《こ》はかすがい
(子《こ》どもが夫婦《ふうふ》のきずなになる)
- かえるの子《こ》はかえる
(子《こ》どもは親《おや》に似《に》るもの)

ひと
からだ

男

成《な》り立《た》ち

田《た》んぼを耕《たがや》すとき、
力《ちから》を使《つか》う。
男《おとこ》の人《ひと》は力《ちから》持《も》ち。

読《よ》み方《かた》

おとこ
ダン／ナン
man

会意《かいい》

使《つか》い方《かた》

- 男子《だんし》
- 長男《ちょうなん》
- 男《おとこ》がすたる
（男《おとこ》としてのプライドが立《た》たない）
- 男《おとこ》は度胸《どきょう》
（男《おとこ》は動《どう》じない心《こころ》が大切《たいせつ》）

女

成《な》り立《た》ち

女《おんな》の人《ひと》が
おしとやかに
手《て》を前《まえ》に組《く》んでいる。

く 女 女

読《よ》み方《かた》

おんな／め
ジョ／ニョ
woman

象形《しょうけい》

使《つか》い方《かた》

- 女子《じょし》
- 老若男女《ろうにゃくなんにょ》
- 女心《おんなごころ》と秋《あき》の空《そら》

（ころころ変《か》わりやすいことのたとえ）

- 女《おんな》は愛嬌《あいきょう》

（女《おんな》は愛《あい》らしさが大切《たいせつ》）

ひと
からだ

手

成《な》り立《た》ち

親《おや》指《ゆび》から小《こ》指《ゆび》まで
全《ぜん》部《ぶ》の指《ゆび》を
パーに広《ひろ》げた形《かたち》。

ノ
二
三
手

読《よ》み方《かた》

て／た
シュ／ス
hand

象形《しょうけい》

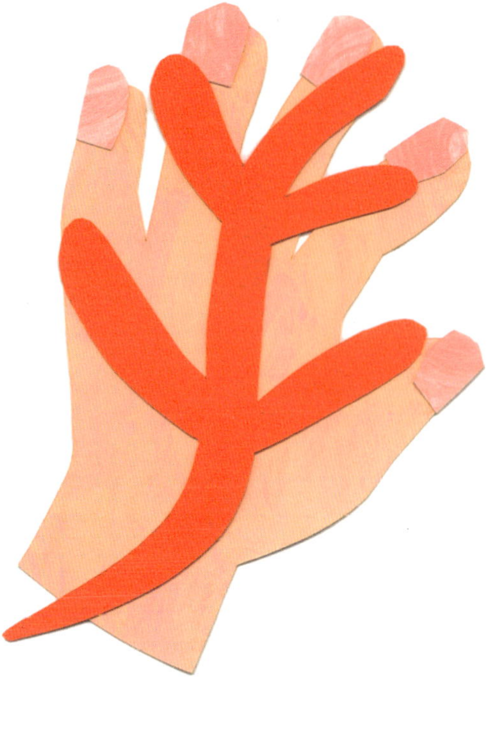

使《つか》い方《かた》

●手《て》伝《つだ》い
●上手《じょうず》
●手《て》が空《あ》く
（ひまができること）
●手《て》を焼《や》く
（取《と》りあつかいに困《こま》る様子《ようす》）

足

成《な》り立《た》ち

ひざこぞう（口）と足《あし》あと（止）がくっついた形《かたち》。

読《よ》み方《かた》

あし／た-りる
ソク
foot

象形《しょうけい》

使《つか》い方《かた》

- 足音《あしおと》
- 遠足《えんそく》
- 足《あし》が出《で》る
（隠《かく》しているのが現《あらわ》れること）
- 足《あし》を向《む》けて寝《ね》られない
（人《ひと》から受《う》けた恩《おん》を忘《わす》れない）

ひと
からだ

耳

成《な》り立《た》ち

耳《みみ》の穴《あな》とシワの形《かたち》。

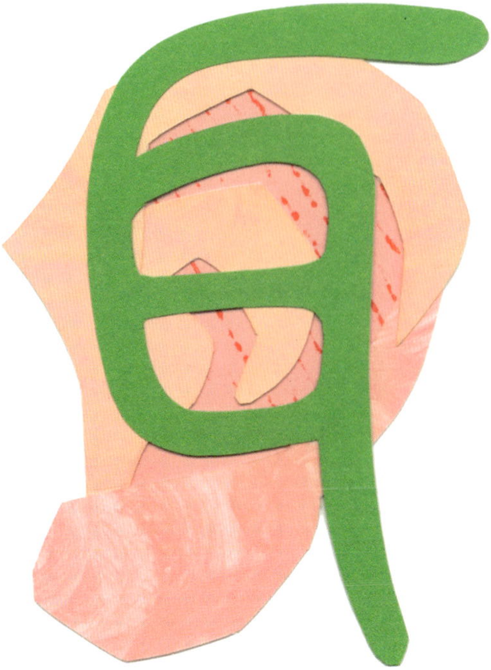

読《よ》み方《かた》

みみ
ジ
ear

象形《しょうけい》

使《つか》い方《かた》

●早耳《はやみみ》
●耳鼻科《じびか》
●耳《みみ》が痛《いた》い
（弱点《じゃくてん》を言《い》われて、それを聞《き》くのがつらいこと）
●耳《みみ》を澄《す》ます
（注意《ちゅうい》して聞《き》くこと）

成《な》り立《た》ち

口《くち》を大《おお》きく開《あ》けた形《かたち》。

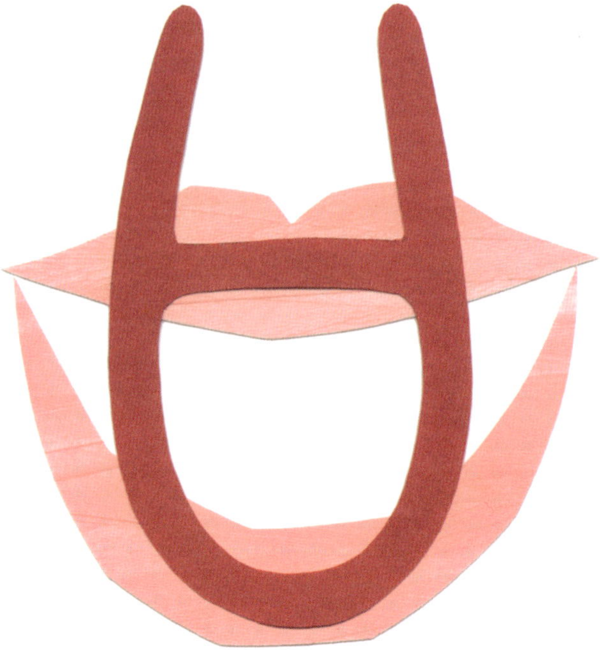

口

読《よ》み方《かた》

くち
コウ／ク
mouth

象形《しょうけい》

使《つか》い方《かた》

- 出《で》口《くち》
- 人口《じんこう》
- 口《くち》がすべる
（うっかり話《はな》してしまうこと）
- 口《くち》が重《おも》い
（口数《くちかず》が少《すく》ないこと）

ひと
からだ

目

成《な》り立《た》ち

目《め》をタテにした形《かたち》。

読《よ》み方《かた》

め
モク
eye

象形《しょうけい》

丨 冂 冃 目 目

使《つか》い方《かた》

- 目立《めだ》つ
- 目的《もくてき》
- 目《め》が点《てん》になる
（驚《おど》いてぼう然《ぜん》としてしまうこと）
- 傍目八目《おかめはちもく》
（はたから見《み》た方《ほう》が物事《ものごと》がよくわかること）

犬　母　虫　魚　貝

馬

牛　鳥　友

いきもの

犬

成《な》り立《た》ち

犬《いぬ》がヨコを向《む》いている姿《すがた》。

一 ナ 大 犬

読《よ》み方《かた》

いぬ
ケン
dog

象形《しょうけい》

使《つか》い方《かた》

- 犬《いぬ》かき
- 野犬《やけん》
- 犬《いぬ》も歩《ある》けば棒《ぼう》に当《あ》たる
（思《おも》いがけない幸《しあわ》せ〔または災《わざわ》い〕が起《お》こること）
- 犬猿《けんえん》の仲《なか》
（仲《なか》が悪《わる》いことのたとえ）

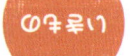

いきもの

貝

成《な》り立《た》ち

貝《かい》がらの形《かたち》。

読《よ》み方《かた》

かい
バイ
shell

象形《しょうけい》

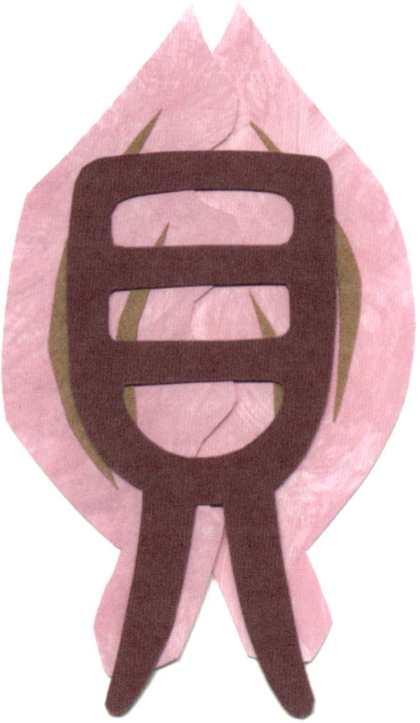

使《つか》い方《かた》

- 貝《かい》がら
- 貝《かい》細《ざい》工《く》
- 貝《かい》を作《つく》る
(泣《な》き出《だ》しそうな顔《かお》をすること)
- 貝《かい》の口《くち》
(着物《きもの》の帯《おび》の結《むす》び方《かた》の一《ひと》つ)

いきもの

虫

丨 冂 口 中 虫 虫

読《よ》み方《かた》

むし
チュウ
worm

象形《しょうけい》

使《つか》い方《かた》

- 毛虫《けむし》
- 幼虫《ようちゅう》
- 虫《むし》の知《し》らせ
(気配《けはい》で不安《ふあん》を感《かん》じること)
- 飛《と》んで火《ひ》に入《い》る夏《なつ》の虫《むし》
(自分《じぶん》から危険《きけん》に飛《と》び込《こ》むこと)

成《な》り立《た》ち

虫《むし》がニョロニョロとはう様《よう》子《す》。

いきもの

牛

成《な》り立《た》ち

牛《うし》の顔《かお》の形《かたち》。

ノ
𠂉
𠂒
牛

読《よ》み方《かた》

うし
ギュウ
COW

象形《しょうけい》

使《つか》い方《かた》

●牛乳《ぎゅうにゅう》
●牛《ぎゅう》馬《ば》
●牛《うし》の歩《あゆ》み
(進《すす》みがおそいこと)
●牛《ぎゅう》耳《じ》る
(リーダーとなって人《ひと》をあやつること)

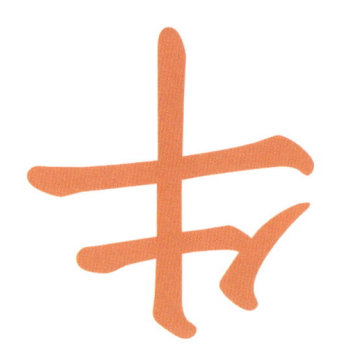

いきもの

魚

成《な》り立《た》ち

魚《さかな》の頭《あたま》と身《み》と尾《お》ビレ。

読《よ》み方《かた》

さかな／うお

ギョ

fish

象形《しょうけい》

使《つか》い方《かた》

●魚屋《さかなや》

●金魚《きんぎょ》

●魚心《うおごころ》あれば水心《みずごころ》

(相手《あいて》がよければ歩《あゆ》みよること)

●魚《うお》の水《みず》を得《え》たよう

(生《い》き生《い》きした様子《ようす》)

鳥

成《な》り立《た》ち

鳥《とり》が羽《はね》をふわっと広《ひろ》げた様《よう》子《す》。

読《よ》み方《かた》

とり
チョウ
bird

象形《しょうけい》

使《つか》い方《かた》

- 小鳥《ことり》
- 野鳥《やちょう》
- 鳥肌《とりはだ》が立《た》つ
（寒《さむ》さや恐怖《きょうふ》によってふるえあがること）
- 一石二鳥《いっせきにちょう》
（一度《いちど》に二《ふた》つの利益《りえき》があること）

いきもの

馬

成《な》り立《た》ち

たてがみを風《かぜ》に
ゆらす馬《うま》の姿《すがた》。

読《よ》み方《かた》

うま
バ／マ
horse

象形《しょうけい》

使《つか》い方《かた》

- 馬小屋《うまごや》
- 馬車《ばしゃ》
- 馬《うま》が合《あ》う
（気《き》が合《あ》うこと）
- 馬《うま》の耳《みみ》に念仏《ねんぶつ》
（いくら言《い》っても効果《こうか》がないこと）

母

成《な》り立《た》ち

女《おんな》の人《ひと》に
おっぱいで母《はは》親《おや》。

読《よ》み方《かた》

はは
ボ／モ
mother

象形《しょうけい》

使《つか》い方《かた》

- 母親《ははおや》
- 父母《ふぼ》
- 必要《ひつよう》は発明《はつめい》の母《はは》
（発明《はつめい》は必要《ひつよう》から生《う》まれる）
- 孟母三遷《もうぼさんせん》の教《おし》え
（教育《きょういく》のために環境《かんきょう》を整《ととの》えること）

友

成《な》り立《た》ち

手《て》と手《て》を取《と》り合《あ》うのが友《とも》。

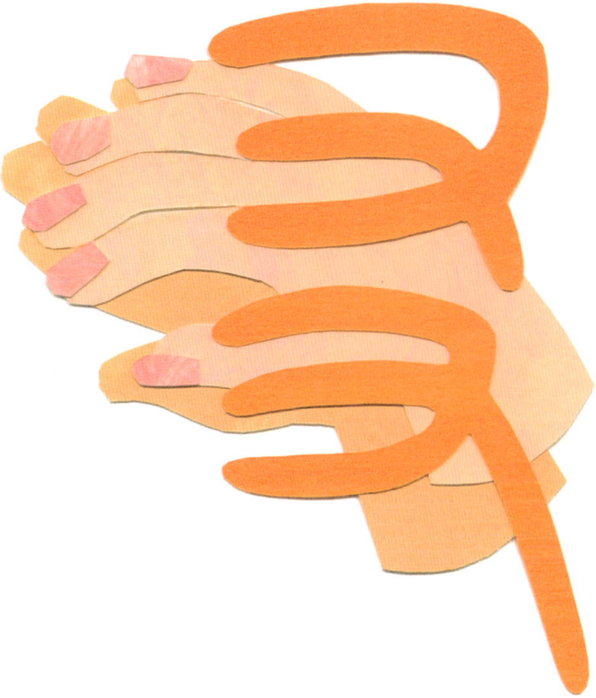

一
ナ
方
友

読《よ》み方《かた》

とも
ユウ
friend

会意《かいい》

使《つか》い方《かた》

- 友達《ともだち》
- 友好《ゆうこう》
- 竹馬《ちくば》の友《とも》
（幼《おさな》いころからの友達《ともだち》）
- 類《るい》は友《とも》を呼《よ》ぶ
（気《き》のあった人《ひと》どうしは自然《しぜん》に集《あつ》まる）

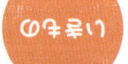

しぜん

田 山 雨 天 林 川 森 石

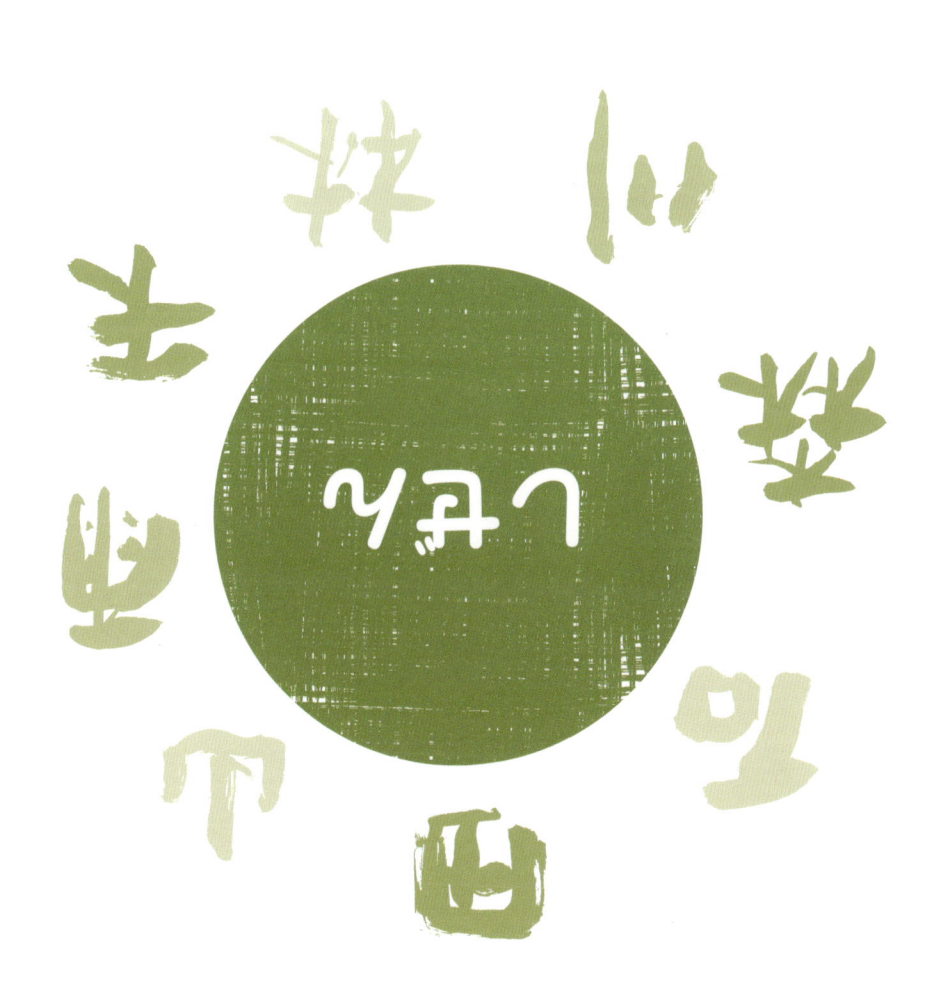

しぜん

雨

成《な》り立《た》ち

天《てん》から水《みず》がポツポツポツ。

読《よ》み方《かた》

あめ／あま

ウ

rain

象形《しょうけい》

一 丆 丙 帀 帀 雨 雨 雨

使《つか》い方《かた》

- 大雨《おおあめ》
- 雨雲《あまぐも》
- 雨《あめ》降《ふ》って地《じ》固《かた》まる
（困難《こんなん》によって前《まえ》よりもしっかりすること）
- 雨《あま》だれ石《いし》をうがつ
（小《ちい》さい力《ちから》でも続《つづ》ければ成功《せいこう》すること）

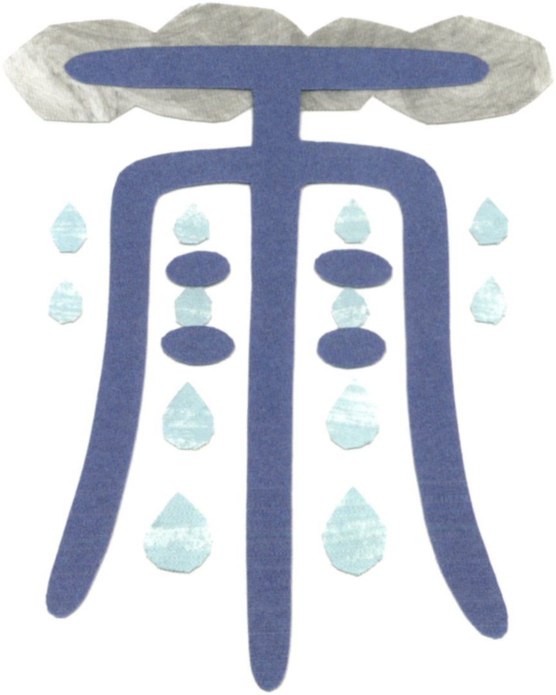

石

成《な》り立《た》ち

がけの中《なか》に石《いし》がある様子《ようす》。

一 ア 不 石 石

読《よ》み方《かた》

いし
セキ／コク
stone

会意《かいい》 象形《しょうけい》
※両方《りょうほう》の説《せつ》があります。

使《つか》い方《かた》

- 小石《こいし》
- 岩石《がんせき》
- 石《いし》の上《うえ》にも三年《さんねん》
（がまんすれば必《かなら》ず成功《せいこう》すること）
- 他山《たざん》の石《いし》
（どんなものでも自分《じぶん》をみがく助《たす》けとなること）

天

読《よ》み方《かた》

あめ／あま
テン
sky

象形《しょうけい》

一 二 チ 天

成《な》り立《た》ち

人《ひと》に大《おお》きな頭《あたま》をつけた形《かたち》。

使《つか》い方《かた》

- 天《あま》の川《がわ》
- 天《てん》気《き》
- 天《てん》にものぼる心地《ここち》
（大変《たいへん》な喜《よろこ》びのたとえ）
- 天《てん》下《か》一品《いっぴん》
（比《くら》べようがないほどすぐれているもの）

しぜん

林

成《な》り立《た》ち

木《き》と木《き》が並《なら》んでいるところ。

読《よ》み方《かた》

はやし
リン
wood

会意《かいい》

一　十　オ　木　木一　木十　木才　林

使《つか》い方《かた》

- 山林《さんりん》
- 林立《りんりつ》
- 松林《まつばやし》
- 風林火山《ふうりんかざん》

（その場《ば》に応《おう》じた戦《たたか》い方《かた》をたとえた言葉《ことば》）

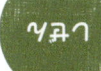

しぜん

森

成《な》り立《た》ち

木《き》と木《き》と木《き》が集《あつ》まっているところ。

読《よ》み方《かた》

もり
シン
forest

会意《かいい》

使《つか》い方《かた》

- 森林《しんりん》
- 森閑《しんかん》
- 木《き》を見《み》て森《もり》を見《み》ず
(細《こま》かいところだけ見《み》て全体《ぜんたい》が見《み》えていないこと)
- 森羅万象《しんらばんしょう》
(宇宙《うちゅう》に存在《そんざい》するものすべて)

山

丨 山 山

読《よ》み方《かた》

やま

サン／セン

mountain

象形《しょうけい》

成《な》り立《た》ち

山《やま》が三《みっ》つ並《なら》んでいる様《よう》子《す》。

使《つか》い方《かた》

- 登山《とざん》
- 山川《やまかわ》
- 山《やま》を当《あ》てる
（予想《よそう》があたること）
- 後《あと》は野《の》となれ山《やま》となれ
（後《あと》はどうなってもかまわない）

田

成《な》り立《た》ち

四《し》角《かく》い田《た》んぼ。田《た》んぼのあぜ道《みち》。

読《よ》み方《かた》

たデン

field

象形《しょうけい》

使《つか》い方《かた》

- 田《た》植《う》え
- 水田《すいでん》
- 我田引水《がでんいんすい》

（自分《じぶん》だけよければよいこと）

- あぜから行《い》くも田《た》から行《い》くも同《おな》じ

（方法《ほうほう》は違《ちが》っても結果《けっか》は同《おな》じこと）

しぜん

川

成《な》り立《た》ち

サラサラ水《みず》が流《なが》れている様《よう》子《す》。

ノ 川 川

読《よ》み方《かた》

かわ
セン
river

象形《しょうけい》

使《つか》い方《かた》

- 小川《おがわ》
- 川原《かわら》
- 川《かわ》の字《じ》に寝《ね》る
(三人《さんにん》並《なら》んで寝《ね》ること)
- 河童《かっぱ》の川流《かわなが》れ
(達人《たつじん》も時《とき》には失敗《しっぱい》する)

漢《かん》字《じ》たし算《ざん》クイズ

Q 漢字《かんじ》のパーツ（一部分《いちぶぶん》）をたしていって、一《ひと》つの漢字《かんじ》にしてみましょう。

例《れい》

ノ＋＼＝人

ヒント1
漢字《かんじ》のパーツは筆順《ひつじゅん》に並《なら》んでいます。

ヒント2
パーツの大《おお》きさ・長《なが》さのバランスは実際《じっさい》とはちがう場合《ばあい》もあります。

❶ 一＋丨＋一＝□

❷ 一＋丨＋丶＝□

❸ 一＋丨＋ノ＋＼＋一＝□

❹ 一＋丨＋ノ＋丶＋一＋丨＋ノ＋＼＝□

❺ 一＋ノ＋＼＋丶＝□

❻ 丨＋㇆＋一＋一＋一＋㇀＋丶＝□

❼ 丨＋一＋丨＋一＋一＋㇆＋ノ＋丶＋丶＋丶＝□

❽ ノ＋一＋丨＋㇆＋一＝□

❾ 一＋丨＋㇆＋丨＋丶＋丶＋丶＋丶＝□

❿ 一＋丨＋一＋一＋丶＝□

こたえ　❶土　❷下　❸本　❹林　❺犬　❻貝　❼馬　❽右　❾雨　❿玉

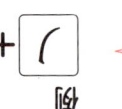

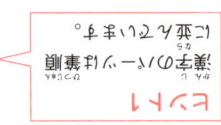

土　金

月　　　　水

　　ようび
　　かず

火　　　　木

日

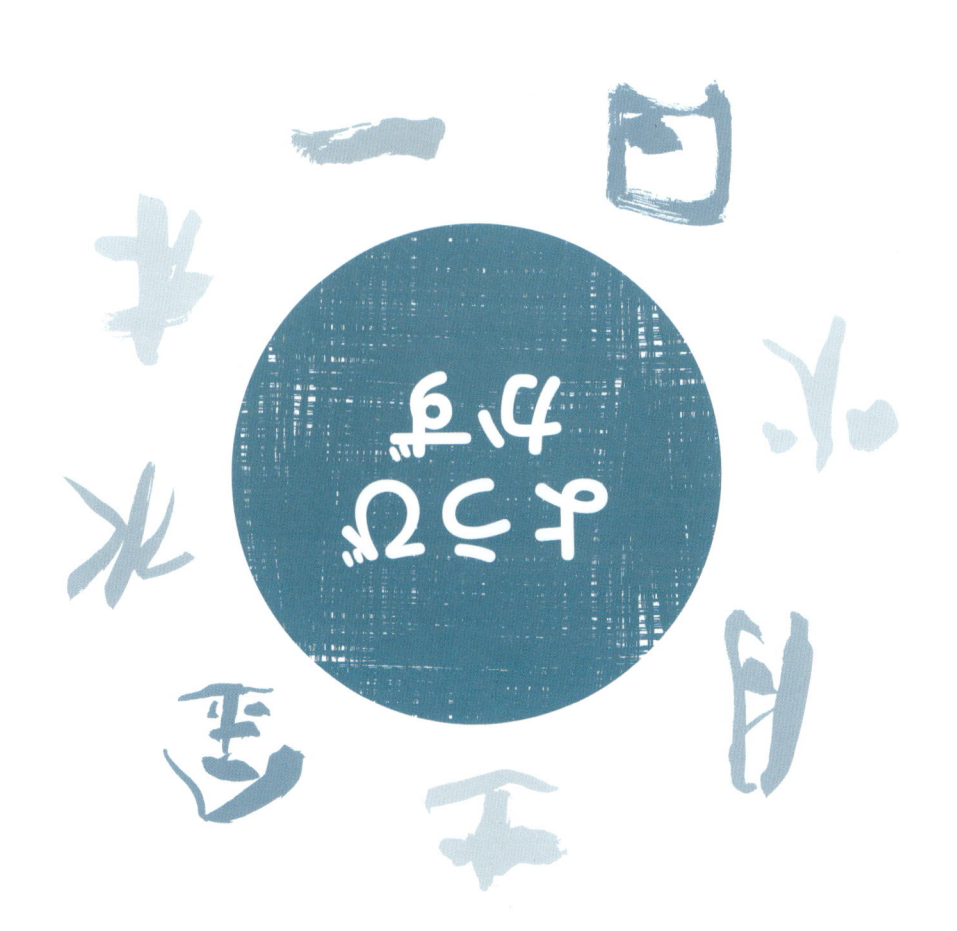

ようび
かず

月

成《な》り立《た》ち

三《み》日《か》月《づき》お月《つき》様《さま》。

丿
冂
月
月

読《よ》み方《かた》

つき
ゲツ／ガツ
moon

象形《しょうけい》

使《つか》い方《かた》

- 月《げつ》曜《よう》日《び》
- 正月《しょうがつ》
- 月《つき》夜《よ》に提灯《ちょうちん》
(必要《ひつよう》がないもののたとえ)
- 月《つき》とすっぽん
(二《ふた》つの違《ちが》いが大《おお》きいこと)

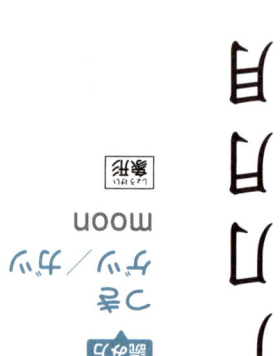

ようび
かず

火

成《な》り立《た》ち

火《ひ》がポッと
燃《も》えている様《よう》子《す》。

読《よ》み方《かた》

ひ／ほ
カ
fire

象形《しょうけい》

使《つか》い方《かた》

- 火曜日《かようび》
- 火事《かじ》
- 火《ひ》が付《つ》く
（さわぎが始《はじ》まること）
- 火《ひ》のないところに
煙《けむり》は立《た》たぬ
（うわさがあるからには原因《げんいん》があること）

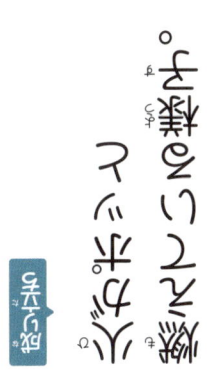

ようび
かず

水

成《な》り立《た》ち

水《みず》は小《ちい》さな流《なが》れ。水《みず》が飛《と》んだり跳《は》ねたりしている様《よう》子《す》。

読《よ》み方《かた》

みず
スイ
water

象形《しょうけい》

使《つか》い方《かた》

- 水曜日《すいようび》
- 水道《すいどう》
- 水《みず》に流《なが》す
（過去《かこ》のことをなかったことにする）
- 寝《ね》耳《みみ》に水《みず》
（ふいに何《なに》かが起《お》こって驚《おどろ》くこと）

木

成《な》り立《た》ち

木《き》が一本《いっぽん》、立《た》っている様子《ようす》。

読《よ》み方《かた》

き
モク／ボク
tree

象形《しょうけい》

一　十　才　木

使《つか》い方《かた》

- 木曜日《もくようび》
- 大木《たいぼく》
- 枯《か》れ木《き》も山《やま》のにぎわい
  （無《な》いよりはましなこと）
- 木《き》で鼻《はな》をくくる
  （愛想《あいそう》がないこと）

ようび
かず

金

成《な》り立《た》ち

土《つち》の中《なか》にピカピカ光《ひか》るものがある様子《ようす》。

読《よ》み方《かた》

かね／かな
キン／コン
gold

象形《しょうけい》

使《つか》い方《かた》

- 金曜日《きんようび》
- 金《かね》持《も》ち
- 時《とき》は金《かね》なり

(時間《じかん》は貴重《きちょう》なものということのたとえ)

- 沈黙《ちんもく》は金《きん》

(だまっている方《ほう》が説得力《せっとくりょく》があること)

土

一 十 土

読《よ》み方《かた》

つち
ド／ト
earth
象形《しょうけい》

成《な》り立《た》ち

台《だい》の上《うえ》に土《つち》の
かたまりを
のせた様《よう》子《す》。

使《つか》い方《かた》

- 土曜日《どようび》
- 土木《どぼく》
- 土《つち》がつく
（勝負《しょうぶ》で負《ま》けること）
- 土《つち》になる
（死《し》んで葬《ほうむ》られること）

ようび かず

日

読《よ》み方《かた》

ひ／か
ニチ／ジツ
sun

象形《しょうけい》

成《な》り立《た》ち

お日《ひ》様《さま》の形《かたち》。

使《つか》い方《かた》

- 日曜日《にちようび》
- 日光《にっこう》
- 日《ひ》を追《お》う
（日《ひ》が経《た》つこと）
- 日《ひ》が高《たか》い
（太陽《たいよう》が高《たか》くのぼっていること）

ようび かず

一

一

読《よ》み方《かた》

ひと - つ
イチ／イツ
one

指事《しじ》

成《な》り立《た》ち

木《き》の棒《ぼう》がヨコに一《いっ》本《ぽん》。

使《つか》い方《かた》

- 一人《ひとり》
- 一年《いちねん》
- 一《いち》を聞《き》いて十《じゅう》を知《し》る
（一《ひと》つを聞《き》いて多《おお》くのことがわかること）
- 鶴《つる》の一声《ひとこえ》
（力《ちから》のある者《もの》のひと言《こと》）

熟語《じゅくご》しりとりクイズ

Q 本書《ほんしょ》でとりあげた右《みぎ》の漢字《かんじ》を使って、二字熟語《にじじゅくご》のしりとりをしてみましょう。熟語《じゅくご》とは、二《ふた》つ以上《いじょう》の漢字《かんじ》を組《く》み合《あ》わせた言葉《ことば》（漢語《かんご》）のことです。たとえば、「上下《じょうげ》→下手《へた》→手本《てほん》→本心《ほんしん》……」のように、前《まえ》の熟語《じゅくご》の２文字目《もじめ》と、次《つぎ》の熟語《じゅくご》の１文字目《もじめ》に、同《おな》じ漢字《かんじ》（読《よ》み方《かた》は違《ちが》っていてもOK）が入《はい》るような組《く》み合《あ》わせを考えてみてください。難《むずか》しい熟語《じゅくご》もあるから、辞書《じしょ》を調《しら》べながらやってみよう！

人	子	男	女	手	足	耳	口	目
犬	貝	虫	牛	魚	鳥	馬	母	友
雨	石	天	林	森	山	田	川	
月	火	水	木	金	土	日	一	
右	左	上	下	大	中	小	力	心
王	車	玉	糸	本	米	門	家	国
見	学	休	入	出	生	止	食	

❶ 木：木《もく》□→□下《した》→下《げ》水《すい》→水《みず》□→□子《ご》

❷ 日：日《にっ》□→□火《び》→火《か》□→□川《かわ》→川《かわ》水《みず》

❸ 小：小《こ》□→□水《みず》→水《すい》□→□手《ず》→手《て》足《あし》

❹ 家：家《か》人《じん》→人《ひと》□→□上《うえ》→上《じょう》□→□手《た》

❺ 出：出《で》□→□学《がく》→学《がく》生《せい》→生《なま》□→□門《もん》

❻ 大：大人《おとな》→人《じん》□→□車《しゃ》→車《しゃ》□→□学《がく》

❼ 左：左《さ》□→□手《て》→手《て》本《ほん》→本《ほん》□→□木《ぼく》

❽ 本：本《ほん》□→□力《りき》→力《りき》□→□友《ゆう》→友《ゆう》人《じん》

❾ 山：山《さん》□→□牛《ぎゅう》→牛《ぎゅう》□→□力《りき》→力《ちから》水《みず》

❿ 門：門《かど》□→□生《しょう》→生《せい》家《か》→家《いえ》□→□火《か》

こたえ　❶木：木目《もくめ》→目下《めした》→下水《げすい》→水玉《みずたま》→玉子《たまご》　❷日：日中《にっちゅう》→中火《ちゅうび》→火山《かざん》→山川《やまかわ》→川水《かわみず》　❸小：小雨《こさめ》→雨水《あまみず》→水上《すいじょう》→上手《じょうず》→手足《てあし》
❹家：家人《かじん》→人目《ひとめ》→目上《めうえ》→上下《じょうげ》→下手《へた》　❺出：出入《でいり》→入学《にゅうがく》→学生《がくせい》→生水《なまみず》→水門《すいもん》　❻大：大人《おとな》→人馬《じんば》→馬車《ばしゃ》→車中《しゃちゅう》→中学《ちゅうがく》
❼左：左右《さゆう》→右手《みぎて》→手本《てほん》→本土《ほんど》→土木《どぼく》　❽本：本人《ほんにん》→人力《じんりき》→力学《りきがく》→学友《がくゆう》→友人《ゆうじん》　❾山：山水《さんすい》→水牛《すいぎゅう》→牛馬《ぎゅうば》→馬力《ばりき》→力水《ちからみず》
❿門：門出《かどで》→出生《しゅっしょう》→生家《せいか》→家出《いえで》→出火《しゅっか》　※このこたえはひとつの例《れい》です。他《ほか》のこたえもぜひさがしてみてください！

イメージ

イメージ

右

ノ ナ ナ 右 右

読《よ》み方《かた》

みぎ
ウ／ユウ
right

会意《かいい》

成《な》り立《た》ち

右《みぎ》手《て》の形《かたち》と「口」の組《く》み合《あ》わせ。

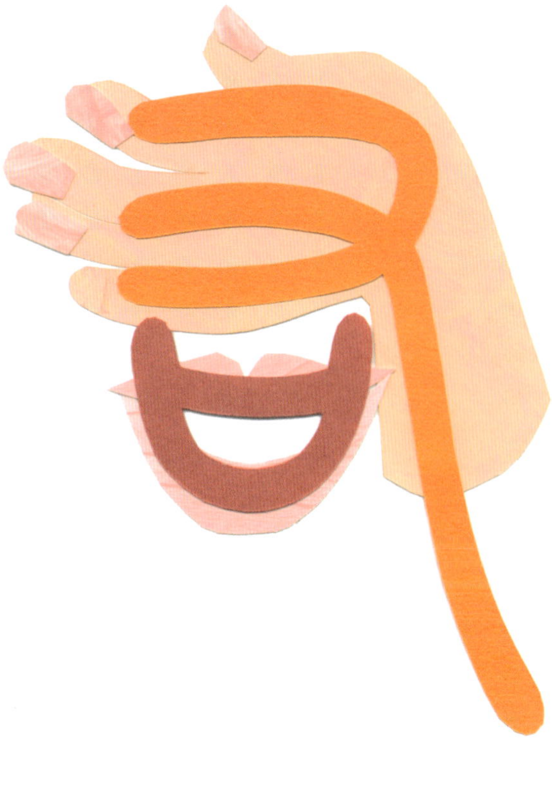

使《つか》い方《かた》

- 右手《みぎて》
- 左右《さゆう》
- 右《みぎ》から左《ひだり》
（受《う》け取《と》ったものをすぐ他《ほか》の人《ひと》に手渡《てわた》すこと）
- 右往左往《うおうさおう》
（あちらへ行《い》ったりこちらへ行《い》ったりすること）

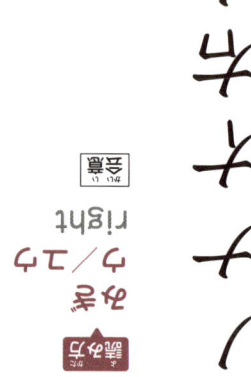

イメージ

左

読《よ》み方《かた》

ひだり
サ
left

会意《かいい》

一 ナ 𠂇 左 左

使《つか》い方《かた》

- 左手《ひだりて》
- 左折《させつ》
- 左《ひだり》うちわ
（楽《らく》な暮《く》らしぶりのこと）
- 左前《ひだりまえ》
（運《うん》が悪《わる》くなること）

成《な》り立《た》ち

左手《ひだりて》の形《かたち》と「工」の組《く》み合《あ》わせ。

イメージ

上

成《な》り立《た》ち

手《て》のひらを上《うえ》にむけて目《め》印《じるし》をつける。

丨 ト 上

読《よ》み方《かた》

うえ／かみ／あ‐がる／のぼ‐る
ジョウ／ショウ
top

指事《しじ》

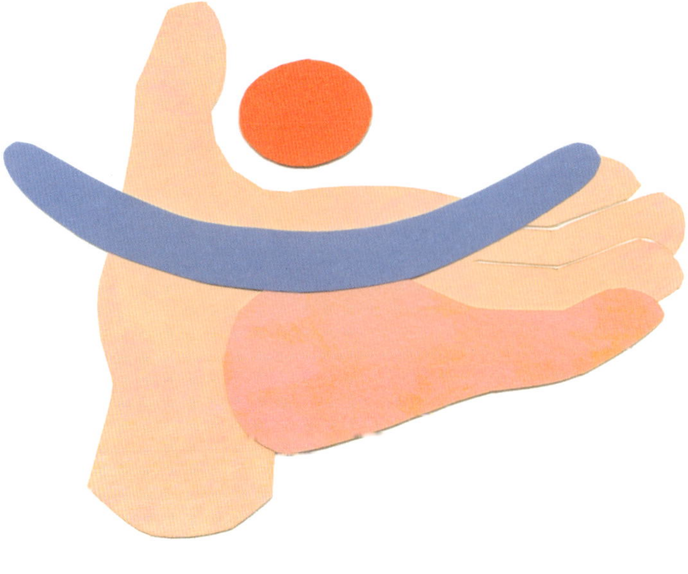

使《つか》い方《かた》

- 上下《じょうげ》
- 年上《としうえ》
- 上《うえ》には上《うえ》がある
（最上《さいじょう》だと思《おも》ってもそれ以上《いじょう》があること）
- 上《うえ》に立《た》つ
（人《ひと》を導《みちび》く立場《たちば》になること）

イメージ

下

一 丅 下

読《よ》み方《かた》

した／しも／もと／さ-がる／くだ-る／お-りる
ゲ／カ
down

指事《しじ》

成《な》り立《た》ち

手《て》のひらを下《した》にむけて目印《めじるし》をつける。

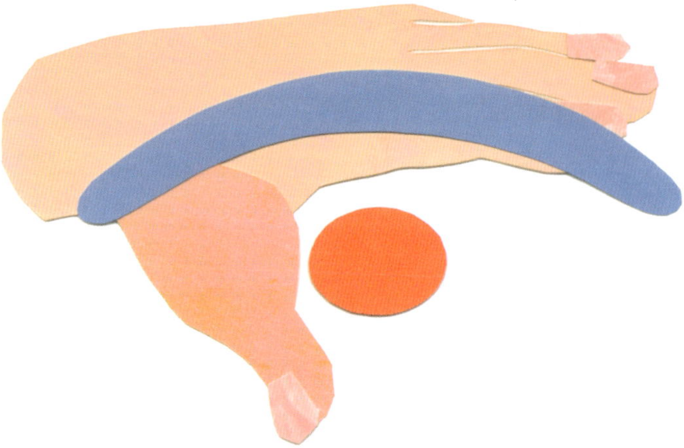

使《つか》い方《かた》

- 下見《したみ》
- 下校《げこう》
- 下《した》にも置《お》かない
（ていねいにもてなすこと）
- 灯台下暗《とうだいもとくら》し
（近《ちか》くにあるとかえってわからないこと）

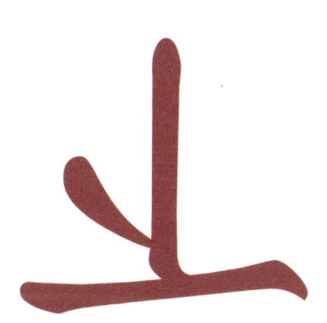

イメージ

大

成《な》り立《た》ち

手《て》や足《あし》を大《おお》きく
のばしている人《ひと》の形《かたち》。

一 ナ 大

読《よ》み方《かた》

おお - きい
ダイ／タイ
big

象形《しょうけい》

使《つか》い方《かた》

- 大人《おとな》
- 大小《だいしょう》
- 大《だい》の字《じ》

（人《ひと》が手《て》足《あし》を広《ひろ》げて寝《ね》ている姿《すがた》）

- 大《だい》は小《しょう》を兼《か》ねる

（大《おお》きいものは小《ちい》さいものの代《か》わりになること）

イメージ

中

成《な》り立《た》ち

木《き》の棒《ぼう》の真《ま》ん中《なか》。

読《よ》み方《かた》

なか
チュウ
middle

象形《しょうけい》

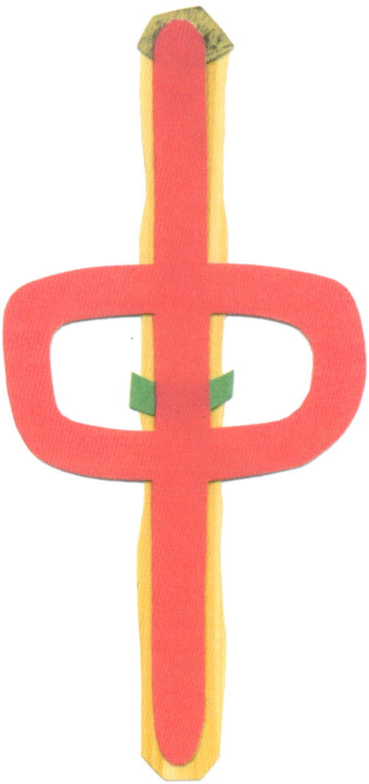

使《つか》い方《かた》

- 中心《ちゅうしん》
- 真《ま》ん中《なか》
- 中《なか》に立《た》つ
（ことがうまくいくように間《あいだ》に立《た》つこと）
- 井《い》の中《なか》の蛙《かわず》
（世間《せけん》が狭《せま》く広《ひろ》い世界《せかい》を知《し》らないこと）

イメージ

小

読《よ》み方《かた》

ちい－さい／こ／お

ショウ

small

象形《しょうけい》

成《な》り立《た》ち

小《ちい》さいのがテンテンとちらばっている様子《ようす》。

使《つか》い方《かた》

- 小石《こいし》
- 小学生《しょうがくせい》
- 気《き》が小《ちい》さい

（小《ちい》さいことを気《き》にする）

- 大《だい》なり小《しょう》なり

（大小《だいしょう》にかかわらないこと）

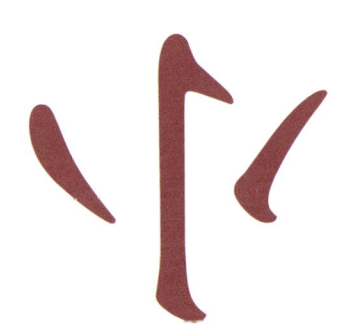

イメージ

力

成《な》り立《た》ち

田《た》んぼを耕《たがや》す
道具《どうぐ》の形《かたち》。
耕《たがや》すには力《ちから》がいる。

フ
力

読《よ》み方《かた》

ちから
リョク／リキ
power

象形《しょうけい》

使《つか》い方《かた》

- 力《ちから》持《も》ち
- 力《ちから》を合《あ》わせる
- 努力《どりょく》
- 継続《けいぞく》は力《ちから》なり

（続《つづ》けることが力《ちから》になり意味《いみ》をもつこと）

イメージ

心

読《よ》み方《かた》

こころ

シン

heart

象形《しょうけい》

成《な》り立《た》ち

ハートの形《かたち》。心臓《しんぞう》の形《かたち》。

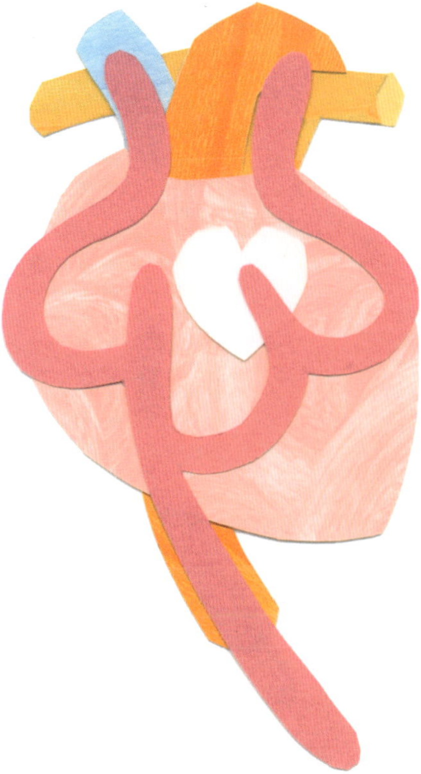

使《つか》い方《かた》

- 中心《ちゅうしん》
- 心《こころ》得《え》
- 心《こころ》が広《ひろ》い

（小《ちい》さいことにこだわらない）

- 心《こころ》を鬼《おに》にする

（相手《あいて》のためを思《おも》ってきびしく接《せっ》すること）

もの
しゃかい

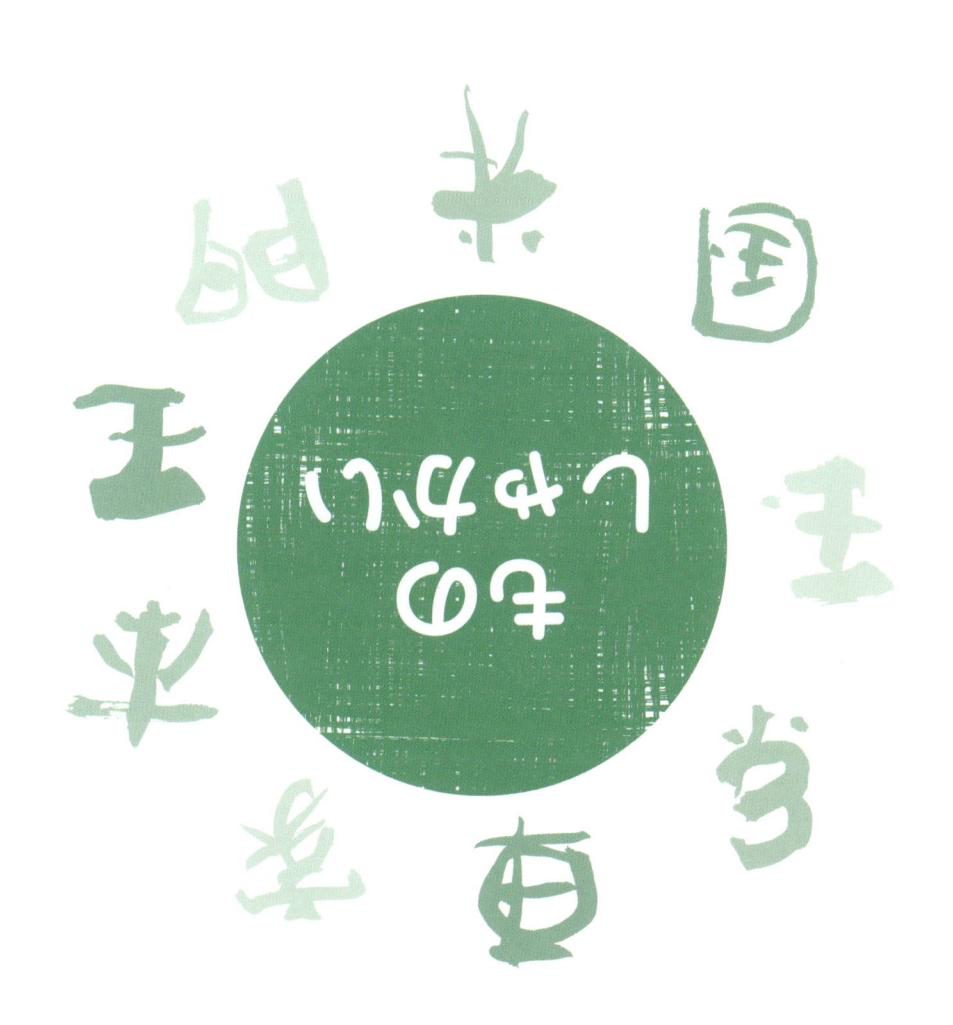

ものしゃかい

王

成《な》り立《た》ち

王《おう》様《さま》のシンボル。

読《よ》み方《かた》

オウ

king

象形《しょうけい》

一 丅 干 王

使《つか》い方《かた》

- 王様《おうさま》
- 王子《おうじ》
- 王手《おうて》
- 学問《がくもん》に王道《おうどう》なし

(学問《がくもん》をするのに楽《らく》な方法《ほうほう》はない)

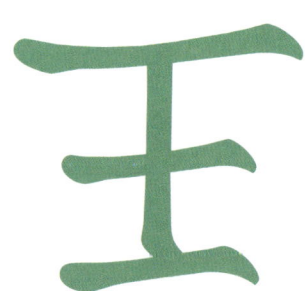

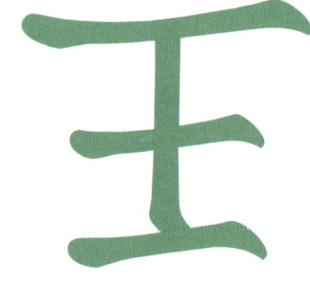

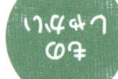

車

成《な》り立《た》ち

真《ま》上《うえ》から見《み》た車《くるま》の形《かたち》。

読《よ》み方《かた》

くるま
シャ
car

象形《しょうけい》

使《つか》い方《かた》

- 電車《でんしゃ》
- 車輪《しゃりん》
- 車《くるま》の両輪《りょうりん》

（お互《たが》いに大切《たいせつ》な関係《かんけい》であること）

- 口車《くちぐるま》に乗《の》る

（うまい話《はなし》にだまされること）

もの
しゃかい

玉

成《な》り立《た》ち

三《みっ》つの玉《たま》を一本《いっぽん》のひもで通《とお》した形《かたち》。

一 丅 干 王 玉

読《よ》み方《かた》

たま
ギョク
ball

象形《しょうけい》

使《つか》い方《かた》

- お年玉《としだま》
- 目《め》玉《だま》
- 玉《たま》の輿《こし》に乗《の》る
(お金《かね》持《も》ちと結婚《けっこん》すること)
- 玉石混交《ぎょくせきこんこう》
(すぐれたものとつまらないものが交《ま》ざっていること)

糸

読《よ》み方《かた》

いと
シ
string

会意《かいい》

く 幺 幺 糸 糸 糸

成《な》り立《た》ち

グルグル巻《ま》かれた糸《いと》巻《ま》き。

使《つか》い方《かた》

- 毛糸《けいと》
- 綿糸《めんし》
- 糸《いと》の切《き》れた凧《たこ》のよう
（どこへ行《い》くかわからないこと）
- 糸目《いとめ》をつけぬ
（お金《かね》に制限《せいげん》をつけないこと）

もの
しゃかい

本

一
十
才
木
本

読《よ》み方《かた》

もと
ホン／ポン
origin

指事《しじ》

成《な》り立《た》ち

木《き》の根本《ねもと》に
目印《めじるし》（一《いち》）をつける。

使《つか》い方《かた》

- 根本《ねもと》
- 絵本《えほん》
- 日本《にっぽん》
- 本音《ほんね》を吐《は》く

（本当《ほんとう》の気持《きも》ちを言《い》うこと）

米

読《よ》み方《かた》

こめ
ベイ／マイ
rice

象形《しょうけい》

使《つか》い方《かた》

- お米《こめ》
- 白米《はくまい》
- 米作《べいさく》
- 米《こめ》の飯《めし》

（誰《だれ》でも好《この》むもの。飽《あ》きがこないことのたとえ）

成《な》り立《た》ち

稲《いな》穂《ほ》にいっぱい実《み》がついている様《よう》子《す》。

ものしゃかい

門

成《な》り立《た》ち

右《みぎ》と左《ひだり》に開《ひら》く扉《とびら》の形《かたち》。

読《よ》み方《かた》

かど
モン
gate

象形《しょうけい》

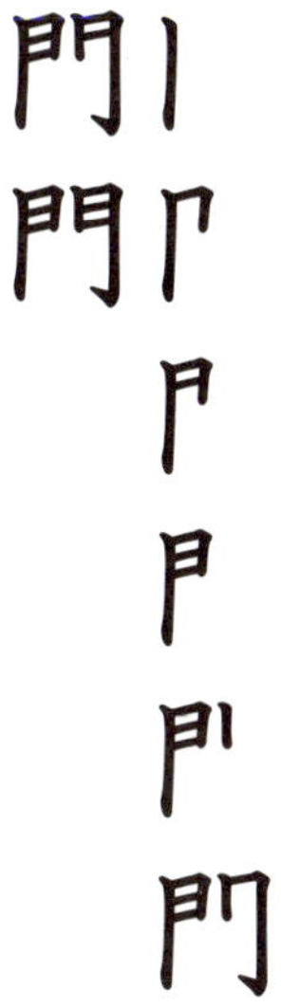

使《つか》い方《かた》

- 門松《かどまつ》
- 専門《せんもん》
- 門《もん》を叩《たた》く
（弟《で》子《し》入《い》りを願《ねが》うこと）
- 門前払《もんぜんばら》い
（家《いえ》の中《なか》に入《い》れずに追《お》い払《はら》うこと）

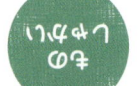

家

成《な》り立《た》ち

神《かみ》様《さま》への贈《おく》り物《もの》を置《お》いた建《たて》物《もの》。

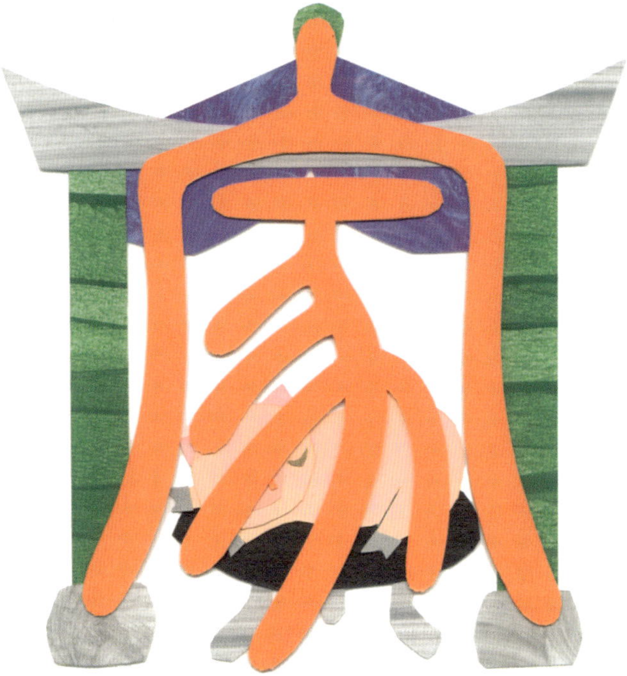

読《よ》み方《かた》

いえ／や
カ／ケ
house

会意《かいい》

使《つか》い方《かた》

- 作家《さっか》
- 本家《ほんけ》
- 家《いえ》を空《あ》ける
  （留《る》守《す》にする）
- 家《いえ》の風《かぜ》
  （家《いえ》に伝《つた》わるならわし）

国

成《な》り立《た》ち

テリトリーの中《なか》を
武器《ぶき》で守《まも》る様子《ようす》。

読《よ》み方《かた》

くに
コク
country

会意《かいい》

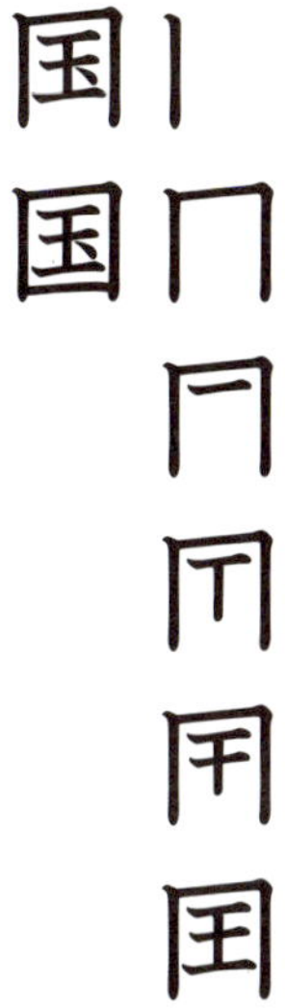

使《つか》い方《かた》

- 王国
- 国家《こっか》
- 国《くに》に二君《にくん》なし

(一《ひと》つの国《くに》に王《おう》は一人《ひとり》でよいこと)

- 国《くに》破《やぶ》れて山河《さんが》あり

(戦《いくさ》で国《くに》がなくなっても山《やま》や河《かわ》〔川《かわ》〕は
そのままあること)

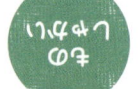

うごき

止 見 体 生 食 出 学 入

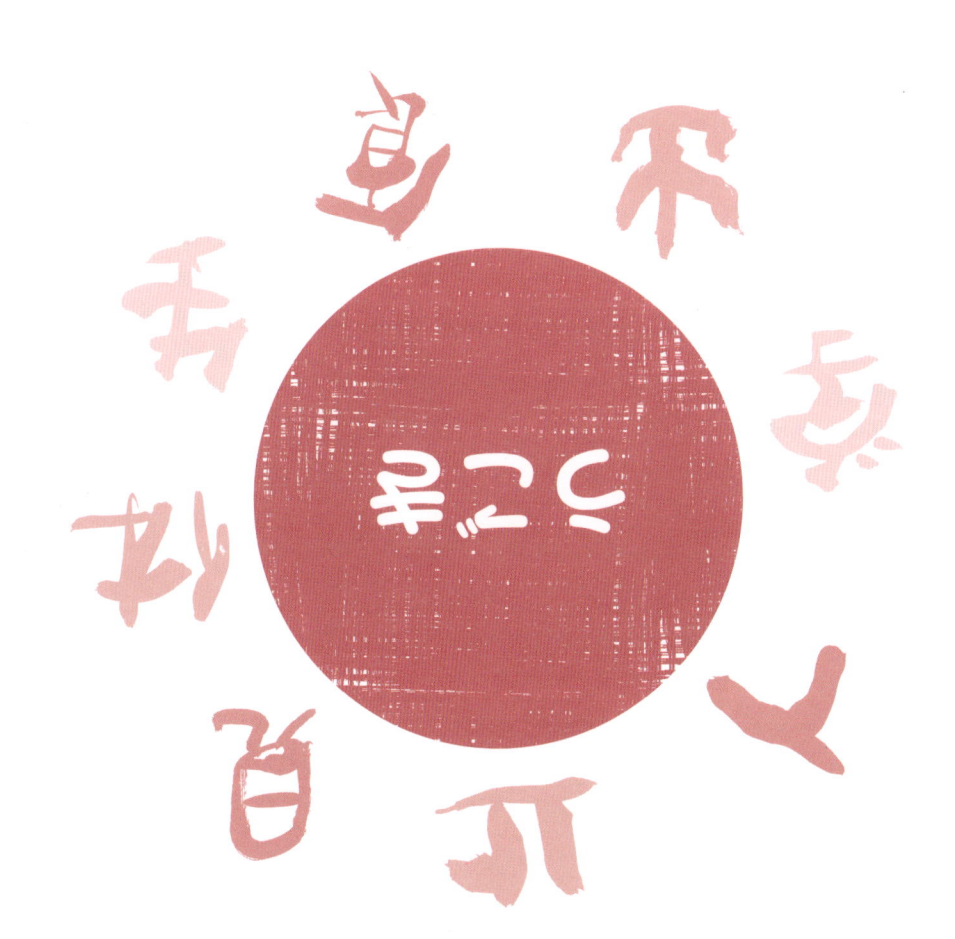

うごき

見

成《な》り立《た》ち

大《おお》きな目《め》に足《あし》がついている。

読《よ》み方《かた》

み-る／
み-える
ケン
see

象形《しょうけい》

使《つか》い方《かた》

- 見学《けんがく》
- 下見《したみ》
- 見《み》ざる聞《き》かざる言《い》わざる
- 日《ひ》の目《め》を見《み》る
（はじめて世間《せけん》に知《し》られるようになること）

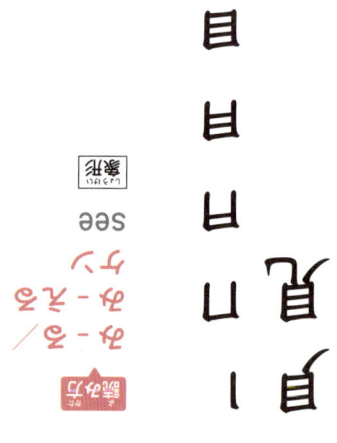

学

読《よ》み方《かた》

まな‐ぶ
ガク
study

会意《かいい》

学学

使《つか》い方《かた》

- 学校《がっこう》
- 学《まな》び舎《や》
- 学《まな》んで時《とき》に之《これ》を習《なら》う
（学《まな》んだことを、折《おり》にふれて復習《ふくしゅう》する）
- 学《がく》がある
（知識《ちしき》があること）

成《な》り立《た》ち

建物《たてもの》の中《なか》は子《こ》どもが学《まな》ぶところ。

うごき

休

成《な》り立《た》ち

木《き》の下《した》で人《ひと》が休《やす》んでいる様《よう》子《す》。

読《よ》み方《かた》

やす - む
キュウ
rest

会意《かいい》

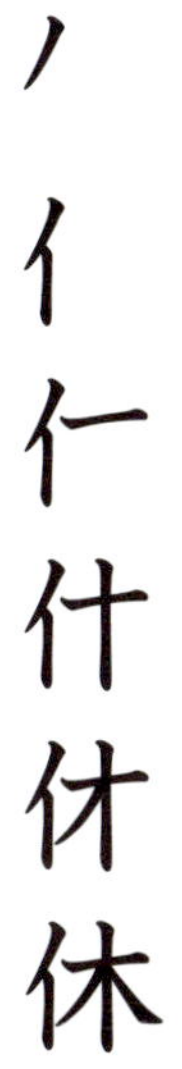

使《つか》い方《かた》

- 夏休《なつやす》み
- 休止《きゅうし》
- 万事休《ばんじきゅう》す
（すべてが終《お》わりであること）
- 下手《へた》の考《かんが》え休《やす》むに似《に》たり
（よい知恵《ちえ》がないまま時間《じかん》が経《た》つこと）

うごき

入

ノ
入

読《よ》み方《かた》

はい-る／
い-れる
ニュウ
enter

象形《しょうけい》

成《な》り立《た》ち

二《に》本《ほん》の木《き》がたてかけてあるところが入《いり》口《ぐち》。

使《つか》い方《かた》

- 入学《にゅうがく》
- 入《い》れ物《もの》
- 手《て》に入《い》れる
（自《じ》分《ぶん》のものにする）
- 耳《みみ》に入《はい》る
（うわさや情報《じょうほう》が聞《き》こえてくる）

うごき

出

成《な》り立《た》ち

強《つよ》くふみ出《だ》す足《あし》あとの形《かたち》。

読《よ》み方《かた》

で-る／だ-す
シュツ／スイ
exit

象形《しょうけい》 会意《かいい》
※両方《りょうほう》の説《せつ》があります。

使《つか》い方《かた》

- 出《で》入《い》り
- 出発《しゅっぱつ》
- 出《で》る杭《くい》は打《う》たれる
(優《すぐ》れている者《もの》は憎《にく》まれるもの)
- のどから手《て》が出《で》る
(欲《ほ》しくてたまらない様子《ようす》)

生

成《な》り立《た》ち

土《つち》から芽《め》を出《だ》す様子《ようす》。

ノ 𠂉 什 牛 生

読《よ》み方《かた》

い-きる／う-まれる／は-える／なま

セイ／ショウ

live

象形《しょうけい》

使《つか》い方《かた》

- 先生《せんせい》
- 一生《いっしょう》
- 口《くち》から先《さき》に生《つ》まれる
（おしゃべりな人《ひと》のこと）
- 袖《そで》ふりあうも多生《たしょう》の縁《えん》
（ちょっとしたできごとも宿命《しゅくめい》によるものだということ）

うごき

止

読《よ》み方《かた》

と-まる／と-める／や-める

シ

stop

象形《しょうけい》

丨 ト 𣥂 止

使《つか》い方《かた》

- 立《た》ち止《ど》まる
- 中《ちゅう》止《し》
- 止《や》むを得《え》ない
（他《ほか》にどうすることもできない）
- 明鏡《めいきょう》止《し》水《すい》
（落《お》ち着《つ》いている心《こころ》の様子《ようす》）

成《な》り立《た》ち

足《あし》あとの形《かたち》。

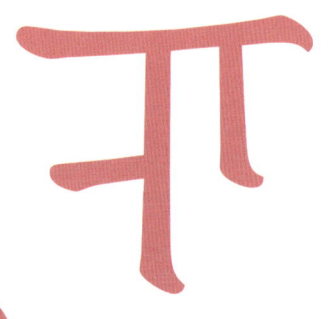

うごき

食

読《よ》み方《かた》

たｰべる／

くｰう

ショク／ジキ

eat

象形《しょうけい》　会意《かいい》

※両方《りょうほう》の説《せつ》があります。

成《な》り立《た》ち

食《た》べ物《もの》の器《うつわ》の上《うえ》にフタがある様子《ようす》。

使《つか》い方《かた》

●食事《しょくじ》

●食《た》べ物《もの》

●食《しょく》が進《すす》む

（食欲《しょくよく》がありたくさん食《た》べられること）

●食《く》わずぎらい

（食《た》べたこともないのに嫌《きら》いだと思《おも》いこむこと）

あとがき

誰かに何かを伝えたいという思いは、いつの時代にも大切なことです。自分の気持ちを表現するということ、そして、他人の気持ちを思いやるということは、簡単なようでいて、案外、難しい時代になってしまっているようです。

パソコンや携帯電話が全盛の現代社会にあっても、読むこと・書くことの能力を身に付けることは、大変意義のあることではないでしょうか。

「言葉」というものは、相手を想定して表現されるものです。そして、「読む」「書く」「話す」「聞く」という、生きていくうえで基本となる力は、すべて「言葉」がベースになっています。つまり、「言葉」がしっかりと身に付いていれば、より良い人間関係を育むことができ、さらに進んで、相手を思いやり、相手の立場を考えた行動がとれるようになります。本書は、そのような願いをこめた入り口の一つです。漢字を通して言葉を学ぶことで、豊かな人生を、子どもたちに送ってほしいと願っています。

書の書き手として文字を書くとき、私は、その意味やしくみ、成り立ち、イメージなどさまざまなことを思い浮かべながら、心を込めて、言葉そのものに向き合います。中でも漢字は、一文字の中に、大きな広がりを持つ素晴らしい文字です。今回、この本の章扉に添えた筆文字にも私の思いを込めて書いています。墨の香りと紙の質感、筆のリズム、書の楽しさに助けられながら、一文字一文字、心を込めて書きました。こんなにも豊かな漢字の世界の魅力を、小さな子どもたちに、いつも伝えられたらと思っていました。

最後になりますが、この本をまとめるにあたって、さまざまな方にお世話になりました。これまでご指導いただいた先生方はもちろんのこと、励まし見守ってくださった細川幸子氏、難しい古代文字を素敵なイラストに表現してくださった古川じゅんこ氏には一方ならぬお世話をいただきました。本当にどうもありがとうございました。

二〇一二年三月

本田容子

本田容子［著］

仙台市出身。東京学芸大学連合学校教育学研究科修了。博士（教育学）。目白大学人間学部児童教育学科専任講師。ＮＨＫカルチャーセンターにて「アートな書」、「くらしの書道」の講師をつとめている。専門は書写・書道教育及び国語科教育。主な著書として『教員採用試験中高国語らくらくマスター』（実務教育出版）がある。小学生やその保護者を対象とした書道のワークショップや高校生を対象とした出前授業など、書道を楽しんでもらえるような活動を積極的に行っている。

http://www.hondayoko.com

寺子屋《てらこや》シリーズ9《く》

親《おや》子《こ》で楽《たの》しむ　こども漢《かん》字《じ》塾《じゅく》

平成24年3月10日　初版発行

著　者　本《ほん》田《だ》容《よう》子《こ》

発行者　株式会社 明治書院　　代表者　三樹　敏

印刷者　図書印刷株式会社　　代表者　沖津仁彦

製本者　図書印刷株式会社　　代表者　沖津仁彦

発行所　株式会社 明治書院

〒169-0072　東京都新宿区大久保1-1-7

電話 03-5292-0117

振替 00130-7-4991

Printed in Japan　ISBN978-4-625-62419-3

デザイン／表紙イラスト／組版制作：マエダヨシカ

本文イラスト：古川じゅんこ